PROFIADAU INTER GALACTIG

PROFIADAU INTER GALACTIG

Gwyn Thomas

© Gwyn Thomas ⓗ
Argraffiad cyntaf 2013

ISBN 9781906396664

Cyhoeddwyd gyda chymorth ariannol Cyngor Llyfrau Cymru.

Cyhoeddwyd gan Gyhoeddiadau Barddas.
Argraffwyd gan Wasg Dinefwr, Llandybïe.

Eithr yr hwn a aeth yn hen ac yn oedrannus,
sydd agos i ddiflannu.

(Hebreaid 8.13)

And thence retire me to my Milan, where
Every third thought shall be my grave.

(Prospero: *The Tempest*, V.i, 311–12)

Fe ddarfu'r byr feddylio,
Fe aeth y breuddwyd heibio;
Y dŵr sy'n treiglo 'rhyd y glyn,
Ac einioes dyn sy'n pasio.

(Rowland Vaughan)

RHAGAIR

Rhag ofn i rywun dybio mai geiriau Saesneg ydi *inter* a *galactig*, rhaid dweud yn glir iawn nad dyna ydyn nhw. Gair Lladin ydi *inter*; a'r gair Groeg *galaktikos* a roes inni *galactig*. Y mae yna filoedd o eiriau y mae rhai'n meddwl mai Saesneg, neu Americaneg ydyn nhw sydd yn eiriau a fenthyciwyd i'r ieithoedd hynny o fyrdd o wahanol ieithoedd y byd. Y mae gan y Gymraeg hawl, fel y mae gan ieithoedd eraill hawl, i fenthyca geiriau at wahanol bwrpasau. Yr hyn y mae gofyn i ni, Gymry Cymraeg, ei osgoi – yn enwedig y dyddiau hyn – ydi peidio â mynd i ddweud yn Saesnegaidd bethau y mae'n bosib eu dweud yn iawn yn Gymraeg.

Rydw i'n diolch i fy ŵyr, Brychan, am gael defnyddio'r llun a wnaeth ar y clawr.

Gwyn Thomas

CYNNWYS

O'R HEN FYD

BYR FEDDYLIO

UNWAITH ETO

Unwaith eto, mae hi'n Saboth.
Gwisgaf innau, unwaith eto,
Grys gwyn a gwisgaf dei;
Unwaith eto, gwisgaf siwt:
Mewn gair,
Fe wisgaf i amdanaf y gorffennol
A throedio tuag at, o bopeth yn y byd,
Fan a fu yn gysegredig.

Fe af fi allan i'r presennol
A mynd drwy strydoedd maith o geir,
Y strydoedd sy'n dystiolaeth inni
Am ein byd, am ein bywydau
Gyda'u llanast o bapurau,
Eu poteli plastig, caniau,
Eu tjiwing-gỳm ac, mewn rhai conglau,
Nodwyddau sy'n cyfleu anobaith:
Y pethau hyn i gyd sydd yn dynodi
Fod yn ein cymdeithas ni
Fywydau llwm, bywydau bras.

A chyn cyrraedd giât y capel
Unwaith eto daw imi, yn anniddig,
Deimlad o'r dyfodol:
Fod yna, yn fy nghenhedlaeth,
Oherwydd y pethau a wnaed,
Yn dygyfor, ar ryw draeth,
Lanw – o, mor enbyd – o waed.

IAITH RYNGWLADOL

Yn Tiwnisia, y mae'n arferiad
Gan farsiandïwyr – lluosog – y lle
Fombardio pob twristiad
Â hwrjiadau taer i brynu nwyddau.

Ac felly dyma benderfynu
Na ddeuai o'n geneuau
Unrhyw arlliw o awgrym ein bod ni
Yn deall yr un sillaf o Saesneg y stryd:
Cymraeg diledryw oedd hi
I bawb o farsiandïwyr y byd.

Y cyntaf un a'n clywodd ni,
Dywedodd hwnnw: 'Welsh! I shpent
Ten daysh in Shwanshea.'
Gan un felly, rhaid oedd prynu.

Wedyn, dyna ni mewn lle o'r enw Cwshci,
Pentref dymunol iawn yn Twrci,
Yn penderfynu eto arddangos
Yr annealltwriaeth lwyraf un o'r Saesneg.
Ond – 'gredwch chi? – yma eto
Adnabu'r marsiandwr cyntaf yno,
O bopeth yn y byd, y Gymraeg:
'I spent some months in Wrecsam.'
A dyma brynu hefyd gan hwn.

Erbyn hyn, yr ydw i
Yn gwirioneddol gredu
Pe baem ni yn yr eithafion
Pella', pella' ym Mongolia
Y trawem ni yno hefyd ar farsiandwr
A haerai fod ei nain yn dod
O 'Tanygrisia Ucha'.

IN A BIWTI SBOT IN WÊILS

'Ei wôs, as won is wônt,
Confyrsin hepili wudd mai ffwends
In âr local pyblic haws in Abysock
When, as ddei âr wônt,
Tw tjieps cêm in tocin,
As ai asiwmd, sym aborijinal dialect:

"Wojer mêt, nyw ows abât e paint
O iwr gwd êl."

'Wherypon ei end mei compenions
Risiwmd âr confyseishyn.
Ddôs hw hed jyst entyd dden complaind
Ddat wi had switjd tw âr
Yncŵth fernaciwlar
End wer mytj pwt ywt;
So mytj, indîd, ddet ddei dipâted,
Femwsd tw rait, as ei discyfyd lêtyr,
Tw Ddy Syn, abawt ddy "blydi Welsh".'

FESUL UN

Fesul un, fesul un
Y mae 'nghenhedlaeth i yn huno;
Yn cwympo, yn cwympo
Dros erchwyn amser
I'r dyfnjwn daearol, terfynol.

Terfynol, pe na bai y tragwyddol yn bod
Yn feithderau annirnadwy,
Yn ymestyniadau anamseradwy -
O ble i ble, dydym ni,
Yr un ohonom ni, yn gwybod.

Ond ar adegau
Yn nyfnderau ein bodoli
Fe ddaw at rai ohonom ni,
Gipiadau bychain, bychain
Megis o oleuni pellennig;
A sibrydion, sibrydion
Sydd y tu draw i eiriau,
Y tu hwnt i ystyron ein byd.

Dyma nhw y dirgelion hynny
A wnâi i galonnau rhai ohonom ni ddyrchafu
Fel pe baem ni yn gwybod pethau cuddiedig;
Fel pe baem ni yn deall
Rhyw gariad sydd megis cerddoriaeth nefol,
Sef honno y dywedid,
Yn yr Oesoedd Canol, amdani

Ei bod hi yn dyfod
O fydoedd perffaith a Di-Gwymp y ffurfafen
Ac yn treiddio i eneidiau diniwed
Babis bach, a oedd bob un,
O'i chlywed hi, yn gwenu wedyn trwy ei hun.

MILWROL

Yn bedair oed
Dydi hi ddim yn afresymol
Ichwi fod yn filwr, arwrol
O'r Oesoedd Canol.

A does yna ddim yn anarferol
Ichwi wisgo am eich pen –
Yn helmet hanesyddol –
Fowlen blastig o'r gegin
I gyd-fynd â'ch cleddyf,
Sydd o'r un defnydd.

Ond gellid ei hystyried hi
Yn weithred braidd yn anystyriol
Ichwi, wrth fynd o'r ardd i'r stryd,
Ddisgwyl i'ch tad (arwrol, ffantastig)
Sydd sbelan yn fwy hunanymwybodol
Na chwi, hefyd wisgo powlen blastig.

SYRCAS

Poster lliwgar,
Lliwgar llachar
A gyhoeddai fod yna,
Yn y parc, syrcas.

Ac yno â fo,
Yn bedair oed,
Ac yno â ninnau
I'w ganlyn o.

Yno fe welodd o
Ddyn a'i cynhaliai ei hun,
Ar ei ben i lawr,
Ag un fraich
Ar gefn cadair.
A'r gadair honno
Oedd ar y fath osgo
Nes ei bod hi yn gadair ungoes.

Yno fe welodd o
Ddyn a jyglai
Ag ugain o jygiau
Yr un pryd.

A gwraig, hefyd, a gain
Gordeddai, ar ŵyr,
Mewn rhubanau cochion
Ddeugain troedfedd yn yr awyr.

Ac yno fe welodd o
Bedwarawd a drapisiai
Dan nenfwd uchel, uchel y babell
Gan ei chyffwrdd hithau, weithiau;
Rhai a droellai din-dros-ben
Wrth hyrddio o un tennyn
I'r llall gan fentro, yno,
Eu bywydau.

A beth, yn hyn i gyd,
A adawodd arno fo
Yr argraff fwyaf cofiadwy?

Yr argraff honno oedd rhai –
Rhyw hanner dwsin –
A ddaethai, wedi'u gwisgo
Mewn siwtiau cymeriadau comics,
I lenwi bwlch mewn egwyl
Er mwyn gosod yr offer ar gyfer
Y campau annirnadwy o anodd
Ac anghredadwy o beryglus nesaf.

A phwy, iddo fo, oedd yna o'r rhain
Yn deilyngaf o gael ei gofio;
Pwy oedd arwr yr holl wrhydri?
Siwt oedd y cyfryw un, siwt Batman,
Siwt Batman ddigon ciami,
A rhywun yn digwydd bod ynddi.

CYNGERDD NADOLIG
YSGOL GYNRADD, 2009

Ymlwybrodd ciw o famau,
Tadau, neiniau, teidiau,
A chariwyd ambell fabi
Yn drefnus, ddel i'r neuadd.

Ac yna daethant hwythau –
Y disgyblion – yno
Yn dyrfa fawr, o rai ugeiniau,
I gyd wedi newid eu gwisgoedd,
I gyd wedi newid eu gwedd.

Ac yno yr oedd Joseff,
A Mair, y baban Iesu, a mul,
Bugeiliaid ac angylion,
Anifeiliaid, sêr y nen, a thrigolion
Cyrion pell y byd.

Ac yna dyma ganu
Unol, nefol –
Os mympwyol – gan y bychain bach
Yn dechrau. Hyn, ynghyd
Ag ambell godi llaw gorfoleddus
Wrth i hwn a'r llall weld,
Yn y gynulleidfa, wynebau adnabyddus.

Yna fe fu cyd-symud – go unigolyddol;
Dawnsio gwirioneddol greadigol,
Ac ynganu geiriau canrifoedd o hen.

Eu diniweidrwydd hwy a greai
Deimladau a gyrhaeddai
Y Nadolig sydd, o hyd, yno
Yng nghalonnau dynion.

Yno mor sicir â bod Herod yntau yno,
Yn frenin y byd hwn,
Lle y mae 'na, o hyd,
Groeshoelio.

WILLIAM MORGAN

(*c*.1545–1604
Cyfieithydd y Beibl i'r Gymraeg)

William Morgan,
Gŵr ydoedd â geiriau
Ei lond o,
Rhai a lifai
O gefnfor mawr o Gymraeg
I fyny, fel o Gonwy,
Yn afon i Lanrwst.

A geiriau William Morgan
A fu i'w Gymru,
O'i enau, yn llefaru'r Gair,
Y Gair hwnnw a oedd
Yn y dechreuad gyda Duw,
Ac yn yr hwn yr oedd bywyd
A oedd, hefyd, yn oleuni dynion.

Fel hyn y bu, ac yn awr y mae
Yn llefaru i ninnau:
Eithr, erbyn hyn, o dan gloriau
Tywyll, tywyll ein bywydau.

BRAIDD YN SIABI

Y mae ein diwedd ni yn 'siabi'
Chwedl R. Williams Parry –
Sef diwedd dyddiau dyn.
A diau, diau mai felly,
Felly y mae hi.

Ond rhag unrhyw grebachu anosgoadwy,
Rhag unrhyw wanychu gwir ofnadwy,
Rhag dihysbyddu'r cnawd
Dan gysgod y tywyllwch terfynol
Gadewch inni, mor ysbrydol
Ag y medrwn ni, a thra gallwn ni,
Herio ein marw
A dywedyd, dywedyd,
'Siabi neu beidio,
Yn yr henaint yma
Yr ydw i, yr ydw i
Yn dal i fod a, hyd yn hyn,
Yr ydw i yn dal i gofio:
Dydi bywyd heb fynd heibio.'

RITA YN HEN

Hayworth, Rita: yr oedd hi
Unwaith yn pelydru inni,
O'r sgrîn arian, oleuni
Rhyfeddol ei bodolaeth.

Ond yna, fel ninnau,
Fel ninnau, ysywaeth,
Nyni sy'n fodau, yn gig ac yn waed,
Aeth Rita yn hen.
Gwae hi! A gwae ninnau!

Ond, fel unwaith
Y dywedodd un o'n beirdd
Am ei Forfudd, ei anwylyd,
Ei wynfyd,
'Hafod oer,' meddai, 'hafod oer'
Am yr haf a basiodd heibio,
Am y cnawd a gollodd ei raen.
Ond, fe ychwanegodd o,
Bendith arno, 'Hi a fu deg.'

Wrth i henaint ysglyfio ei gariad
Fe allai y bardd hwnnw haeru
Fod yna, unwaith, degwch,
Fod yna, unwaith, hyfrydwch cnawd,
A hyfrydwch serch.

Gadewch i ninnau, fel yntau,
Dan guwch diwedd ein dyddiau
Haeru: 'Bu tegwch;
Yn ei dro, bu harddwch;
A bu, unwaith, ieuenctid.
Ac ni all neb, ni all un dim
Ddad-wneud y pethau hynny,
A dwyn oddi arnom ni
Yr haf, yr haf hwnnw a fu.'

GENERAL DE GAULLE

General de Gaulle: yr oedd ganddo
Ef a'i wraig un eneth fach
Nad oedd hi 'Ddim', fel y dywedwn ni,
'Yn iawn'.

A'r eneth fach, fe dyfodd hi
I fod yn eneth fawr;
Ac yna fe fu farw.

Yn ei dristwch, yn ei alar
'Yn awr,' meddai yr hen wariar,
A oedd hefyd yn dad, 'y mae
Hithau yr un fath â hwythau,
Yr un fath â'r lleill i gyd.'

Et maintenant elle est comme les autres.

ROEDD YN Y WLAD HONNO

Roedd yn y wlad honno
Fel, wrth edrych yn ôl,
Yr ydw i'n cofio,
Ryfeddodau.

A'r bore Nadolig hwn fe wn i
Fod y wlad honno yn dal i fodoli.

Ar y palmant y mae o,
Yn bedair, yn stryffaglio
Wrth geisio reidio
Beic-ar-faglau disglair, disglair.

Y mae hithau, yn dair, yn dilyn,
Yn gwthio coitj bach
A honno mor loyw â'i llygaid.

Ac y mae yn dda gen i
Fod rhai pethau yn bod, yn bod,
Ac nad ydyn nhw ddim yn darfod.

MONUMENT VALLEY

A phan ddeuthum i i'r dyffryn hwn
Yr oedd o, i mi, yn lle cyfarwydd –
Er ei fod o, hefyd, yn gwbwl newydd,
Yn lle na fûm i ddim yno erioed.

Ond yn fflicran yng ngwyll fy ngorffennol
Yr oedd yna chwedlau arwrol,
Chwedlau a leolwyd yma
Yn y crastir melyngoch hwn.

A daw o'r gwyll hynafol hwnnw
Frwydrau, ceffylau, a gynnau
Cowbois ac Indiaid rhyw hen oesoedd
A miri seliwloid hen ysgarmesoedd.

Yma, yma yn y dyffryn gwyw
Fe ddaw y cof, a daw y dychymyg,
Fe ddaw y gorffennol i'r presennol
Yn gorfforol, ddigamsyniol fyw.

RHYW LUN O FRWYDR

(Llun gan Émile-Jean-Horace Vernet o Frwydr
Montmiral, 11 Chwefror, 1814, lle y trechodd byddin
Napoleon fyddin y Cadfridog Rwsiaidd Snaken)

Glân, roedd yr awyr yn lân
Ac yn olau mewn mannau,
Er bod ynddi hi hefyd
Gymylau digon duon;
Ond draw ar y gorwel, ymhell,
Roedd yna olion o rym mawr yr heulwen.

Ond ar y ddaear yr oedd hi yn ddu.
Ym mlaen y llun gwthia un goeden
Wag, unig, a noeth
Ei changhennau fel breichiau enbyd i'r nen.

Trwy'r llun, wedyn, y mae
Golygfeydd disgwyliedig o wae:
Yn y rhactir, yn amlwg,
Y mae milwr lladdedig, a march;
A draw, draw drwy y llun y mae
Miloedd wrthi yn lladd
Yng nghatrodau hirfaith angau.

Hyn – o Un Wyth Un Pedwar –
Y mae o yn llun o'r ysfa i ddifa
A fu, a fydd, ac ysydd ynom,
Yn dragwyddol ynom ni, ddynion.

YSTYRIWCH Y BO

Ystyriwch y Bo,
Sef tylwyth unigryw
A fu yn byw
Yn Ynysoedd yr Andaman
Am lawer iawn, iawn o flynyddoedd.

Yn niwedd Ionawr, Dwy Fil a Deg,
Bu farw Boa Sr, gwraig oedrannus:
Dyna ei diwedd hi,
A dyna, hefyd, ddiwedd ei hiaith hi,
Iaith llwyth y Bo.

A chyda'i diwedd hi fe ddaeth,
I lwyth y Bo, y mudandod hwnnw y mae
Aelodau o fy llwyth innau
Yn gwybod rhywbeth amdano.

NI a NHW
(Un ymholiad, a dau ymateb)

NI: HOLI
Chwilio yr ydw i am fag,
Un lledr meddal, un anffurfiol
Neu un clasurol, fel rhai Mulberry Bayswater.
A oes yna, os gwn i, labeli
Lle ceir y nodweddion hyn
Yr ydw i yn chwilio amdanynt –
Dywedwch yn y rhediad o brisiau
O ddau Gant o Bunnau
I ryw Drichant a Hanner?

NI: ATEB
Y mae Ally Capellino, yntê, yn gwneud
Bagiau anffurfiol am Drichant,
Rhai a fyddai'n ddelfrydol i chwi.
Neu fe allech chwi, hefyd,
Gael golwg ar un bag gan DKNY,
Un anffurfiol neu glasurol,
Am ryw Ddeugant a Hanner.
Neu, os am olwg mwy jasi, beth am
Fag gan Sara Berman,
Hwnnw hefyd yn rhediad y prisiau
A fyddai'n dderbyniol i chwi.

NHW
Yma, yn Haiti, y mae yna slỳm,
Yn baneli simsan o sinc, llysnafedd a baw,
Gydag archollion agored, drewllyd
O garthffosydd yn rhedeg drwyddi.

28

Ynghanol hyn i gyd y mae yna ysbyty,
Ysbyty o babell,
Un tlawd ac un llwm y tu hwnt
I unrhyw amgyffred arferol;
Ac yno, mewn còt bychan, y mae baban
A'i lygaid o yn goleuo
Wrth weld rhywun yn dod ato.

'Y mae o yn hoffi cael ei godi,
Yn hoff o gael ei gofleidio;
Y mae o, welwch chi, yn ymddiried
Ym mhob un sy yma'n dod heibio.'

'O ble y daeth o?'

'Roedd o wedi cael ei adael
Mewn bùn sbwriel enbyd;
A phan gafwyd o
Roedd yna lygod mawr
Wedi bwyta un o'i fysedd o.
Naw mis oed ydi-o.'

DIOLCH

Gweddus a daionus ydyw
Fod i ddynion ddweud, 'Diolch'.
Daw ein 'Diolch' yn union i'n geneuau
O hir arfer cydnabod bendithion
A roddwyd inni gan Dduw,
A roddwyd inni gan ddynion.

Ond fe dâl inni fod yn ofalus
Rhag inni deimlo'n etholedig
Pan fo bywyd yn garedig,
Ac i'n 'Diolch' ni i Dduw
Droi yn rhywbeth rheibus.

Wele, ar adeg erchyll a fu,
Yr oedd yna gwmni anrheithiedig o Iddewon
Wedi cael eu crynhoi gan rai Natsïaid
I 'wersylla' yng nglyn cysgod angau.
A dyma a ddiddanai y carcharwyr yno,
Sef hap chwarae â bywydau'r carcharorion,
Gan ddewis lladd neu beidio â lladd:
'Ti, yr wyt ti i gael dy ddifodi;
A thithau, fe gei di dy arbed.'

Yn y distawrwydd ar ôl un ddedfryd
Fe glywyd un o'r rhai a arbedwyd
Yn dweud 'Diolch,' wrth ei Dduw,
'Am i ti fy arbed i',
A hynny yng nghlyw un a ddedfrydwyd
I fynd i'r siamberi tywyll, terfynol.

Dealladwy, efallai;
Greddfol, yn ddiau;
Ond o'n harbed o unrhyw gyni,
Y mae yn ofynnol inni
Ddeall mai 'Ni' ac nid 'y Fi' ydyw
Y rheini sydd yn blant i Dduw.

HEN LUN

Yn y presennol hwnnw yn y llun
Lawer blwyddyn yn ôl,
Pwy allai, o'i weld o,
Wybod y byddai hi
Yn ei dyfodol, fel y dwedwn ni,
'Yn gwneud amdani ei hun',
Ac yn gadael archoll goch ei hymadawiad
Hyd fodolaeth pob un
Oedd yn ei charu hi.

Yn yr hen, hen lun y mae hi
Yn llawen, hyd y gwyddem ni,
Ac yn gwenu,
A 'welodd neb ohonom ni –
Yn y gorffennol hwnnw –
Angau, fel cysgod du o'i hôl hi
Yn dal, yn esgyrn ei law,
Rasal greulon a gwaedlyd ei dyfodol.

CYMDEITHAS YR IAITH SAESNEG

(Yr Arglwydd Byron yn sôn am ei was pan oedden nhw dramor:
'*The perpetual lamentations after beef and beer, the stupid bigoted contempt
for every thing foreign, and insurmountable incapacity of acquiring even a
few words of any language, rendered him ... an incumbrance.*')

Am Lundain y dyddiau hyn
Nid cwbwl annheg yw dywedyd
Fod Y Saesneg, yn y ddinas, ar drai,
Ac i'w chlywed gryn dipyn yn llai
Yno nag oedd hi pan oeddwn i'n iau.

Ebryw ac Wrdw sy yn Goldyr's Grîn,
Neu, ond odid, Hindwstani;
Y mae hi'n amryfal dafodieithoedd
O Bacistan mewn amryw leoedd,
Yn Dwrceg mewn rhai mannau,
Yn Deutsche Español Italiano,
Français Dansk Americano,
Ac Arabeg, yntê, ar hyd y lle.

Ymholaf, fel ymwelydd,
I ba le yr enciliodd y Saeson?
Ac, fel Cymro, fe'm hatebaf fy hun –
Fe aethant hwy i'n Gwalia wen
Lle y mae y mwyafrif ohonynt
Yn ddygn, ddi-ildio yno'n parablu
Eu heniaith hwy. Felly,
Yng nghefn gwlad ein Cymru
Gymraeg, yn fan'no
Y mae yr iaith Saesneg yn ffynnu.

PEIRIANT-LLYNCU-SANA'

Y mae gennym ni, yn y tŷ yma,
Beiriant-golchi-dillad sydd
Yn reit 'i wala yn sgut am fy sana' i –
Hynny ydi, rhai unigol, ac nid para'.

O'u rhoddi yn ei hopran
Fe fydd o yn eu traflyncu, un ac un,
Fel y crocodeil barusa'
I'w geubal ddiarhebol ddiwala.

A dyna ydi'r rheswm paham
Fy mod i, hyd y lle 'ma, am
Ddechra'r ffasiwn ddiweddara'
O fod yn amryfal fy sana' –
Yn hytrach nag yn gonfensiynol
A thraddodiadol-ddiddychymyg wisgwr para'.

DRAW DRAW YN TJEINA

Draw draw yn Tjeina y mae hi
Yn fwy arferol i bobol boeri
Nag ydi hi yma,
Yn ein gwlad weddol antiseptig ni.

Un noson olau-lampau
A neon aml-liwiau Beijing
Fe safai merch ifanc
Deg iawn a gosgeiddig,
A'i gwedd hi yn dlws a pheintiedig –
Yn wyn a du a choch –
Yno yn tywynnu
Wrth ddrws bwyty
Crand a drud.
A'r byd a basiai heibio.

Yna, dyma hi –
Y ferch deg osgeiddig
Y dywedasom ni amdani uchod –
Yn carthu o grombil tywyllaf un
A dyfnaf un ei chyfansoddiad
Fflemsan felan, ysglyfaethus a thrwchus;
Yna dyma hi'n ei hychian i'w genau
Ac yn ei phoeri hi
Ar draws y palmant llydan, poblog
I'r gwter ar ochor y stryd
Yn filitaraidd o gysáct a theidi
Rhwng y cerddwyr, heb fennu dim
Ar unrhyw un o'r rheini.

Wrth weld pethau fel'ma y mae dyn
Yn dod i adnabod y byd a'i arferion,
Ac yn ehangu ei orwelion.

SWNT ENLLI

Fe fu yna ychydig oedi
Cyn i'r cychwr benderfynu croesi
I Enlli trwy ymchwydd y tonnau,
Y dygyfor diorffwys, y cenlli
Dwfn-gythryblus.

Ar y ffordd yn ôl oddi yno,
Yng nghysgod yr ynys,
Cyn mentro trwy gynddaredd yr eigion,
Fe arafodd y cychwr y cwch
A gadael inni weld deufor yn cyfarfod
Yn un llinell wen o li'.

Ac yno, yng ngwrthryfel y dyfroedd,
Yn Ffrydiau Caswenan
Yr oedd yna – gredwch chi –
Lain gron o dawelwch,
Pwll llyfn a gloyw a llonydd.

Ond, rywsut, yr oedd yna,
Yn y llonyddwch hwn ar gwrr yr ynys
Rywbeth dwfn a dirgel,
Peryglus a brawychus.

CYSURWR JOB

A chaniatawyd i Satan
Anrheithio Job, ac ato fo –
O un i un – fe ddaeth cenhadon,
I gyd yn dwyn newyddion
Gwaeth na'i gilydd.

Dyma genadwri y cyntaf un:
Ei ychen, ei asynnod – y Sabeaid
A'u dygasant hwy ymaith;
A'i lanciau a laddwyd.
Dyma genadwri yr ail:
Daeth tân o'r nefoedd a difawyd
Ei ddefaid, a difawyd ei weision
A oedd yno'n gofalu amdanynt.
Dyma genadwri y trydydd:
Y Caldeaid a ddug ei gamelod,
A'i lanciau a oedd yno,
Unwaith eto, a laddwyd.
A dyma genadwri'r pedwerydd:
Wele gwynt mawr a gododd
Ac a drawodd ei dŷ,
A syrthiodd ei feini
Ar ei feibion a'i ferched
A'u lladd hwy bob un.

Ac yna caniatawyd i Satan
Estyn ei law yn erbyn
Y dyn ei hun.
A thrawyd Job â chornwydydd blin
O wadn ei droed i'w gorun.
Ac yn ei drueni eisteddodd o
Mewn llwch, yno i ymgrafu â chragen.

A phwy a ddaeth heibio iddo
Yn y fan honno
Ond teithiwr o Americanwr,
Yr hwn a ddywedodd wrtho –
Fel y dywed Americaniaid yntê:
'Hi, Job baby, what can I say!
I'm sorry to be moving on,
Moving on my way.
But I sure hope, Job,
Whatever happens next that you may
Have a nice day.'

TAID

(Comisiynwyd gan Wasg Gwynedd ar
gyfer y gyfrol *Taid / Tad-cu*)

Plentyndod:
Eden ydoedd
Yr adeg honno
Cyn i ofnau a phryderon
Ddod i dw'llu fy ngolygon,
Ac i anobaith a siniciaeth
Ddu niweidio fy modolaeth.

Ac, yn awr, yn llawnder dyddiau,
Yma, yn y glyn hwnnw lle y mae
Cysgod angau
Wele wyrion, wele ddigwydd
I'm byd eto ddiniweidrwydd
Sydd yn ddigon cry i lorio
A chwilfriwio f'anynadrwydd.

Y mae 'na le i lawenhau
Fod bywyd o hyd yn ailddechrau,
A bod tywyllwch du yn dal i gael ei dorri
Gan rym disglair y goleuni,
A bod 'Bydded' da y dechrau un
Yn dal ar waith ym mywyd dyn.
Da ydoedd, a da ydyw,
Eden ydoedd, Eden ydyw.

NADOLIG

Edrychwch, dacw'r dechrau:
Seren ddisgleirwen olau
Ac, o'r dwyrain, ddyfod doethion
Yn dwyn yn eu dwylo anrhegion.

Ac yn nos ddu y meysydd
Daeth at fugeiliaid negesydd
O ddimensiwn y tragywydd:
'Ganwyd,' meddai wrthynt,
'Ichwi Geidwad yn ninas Dafydd,
Yr hwn yw Crist, yr Arglwydd.'

Ond, o edrych ar y dechrau,
Fe wyddoch fod yna, wedyn, angau
Garw a gwaedlyd i ddyfod;
Y mae hynny'n 'sgrifenedig,
Yn ddarn fel haearn o'r Nadolig.

Ac er bod 'na faen a dreiglwyd,
A bod 'na ddyfod o fedd fywyd,
Y mae 'na ardd, y mae 'na gwpan,
Y mae 'na ddioddefaint sydd yn rhan
Na ellir ddim eu gadael allan
O'r gwir sydd yn y stori syfrdan.

Gorfoledd dioddefus ydyw.

RHWNG DEUFYD

Ar y ffordd o 'nghartref
Fel rwy'n mynd i lawr i'r dref
Yr ydw i'n mynd heibio,
Yn eu trefn, ddau dŷ;
Dau dŷ drws-nesaf, ac ar y ddau
Y mae 'na enwau,
Sef 'Erw Arian' a 'Brook Side'.
Ac y mae'r newid iaith
Yn dynodi newid byd,
Yn newid sydd, i mi,
Yn newid go ddigalon.

Ond ar y ffordd o'r dref
I fyny at fy nghartref
Yr ydw-i, unwaith eto,
Yn mynd heibio i'r ddau dŷ –
Y tro hwn mewn trefn wahanol –
'Brook Side' ac 'Erw Arian'.
Ac y mae'r newid iaith
Eto yn dynodi newid byd,
Yn newid sydd yn codi fy nghalon.

Ac yn y fan hon yr ydym ni
Yn bodoli, sef rhwng deufyd –
Rhwng deufyd, am ryw hyd.

EIN DAD-WNEUD

Does dim rhaid inni
Fod yn weledyddion i sylweddoli
Fod ein Hymneilltuaeth ni
Wedi darfod amdani,
Er ei bod hi'n dal i wingo
Gan blyciadau nerfol ôl-farwolaeth.

A bod ein Cymraeg ni
Wedi colli ei hynni
Dan bwysau Saeson,
Dan bwysau diffyg egni
Y rhan fwyaf ohonom ni,
A'n bod ni'n Anglo-eiddio
O'r bôn i'r brig,
A'n holl ddyheadau ni yn Seisnig.
Does yna, bellach, ddim eirioni
Wrth inni, fesul un, gyhoeddi:
'Dwi isio bod yn Sais'.

Yn y fan yma ar y dweud fe ellid disgwyl
Yr arferol 'Ond', 'Er hyn', neu 'Eto',
Y geiriau hynny sy'n rhoi inni,
Ar ein trueni, ryw agwedd obeithiol.
Ond dydyn nhw ddim yma,
Ddim yma yn y diddymdra
Sy'n ymddangos yn anobeithiol,
    Anobeithiol o derfynol.

DAU O BETHAU PWYSIG
EIN BYWYDAU

Yn yr hen, hen ddyddiau hynny
Yr oedd yna, yn ein bywydau,
Ddau Beth a oedd,
Fe ddywedid wrthym,
O ddirfawr bwys i unrhyw deulu
Anrhydeddus a gweddol deidi:
Un o'r Pethau hynny oedd Gwely Tamp,
A'r ail o'r Pethau oedd Trôns Glân.

Ynglŷn ag Un,
Fel hyn yr oedd hi:
Os byddem ni, dyweder,
Yn mynd i ffwrdd ac i le diarth
Rhybuddid ni, ar boen ein bywyd,
I brofi clydwch y gwely.
A'r ffordd i ni wneud hynny
Oedd rhoddi, o dan y gobennydd,
Watj, a'i gadael hi yno am sbel.
Yna fe ddylem ni ei thynnu hi odd'no
Ac archwilio ei chefn metal hi
Am dawch a oedd yn arwydd o damprwydd
Gwirioneddol andwyol.

Ynglŷn â'r Ail un, rhybuddid ni
Ei bod hi bob amser yn bwysig inni
Wisgo'n feunyddiol, feunyddiol Drôns Glân,
Rhag ofn inni, ar awr annisgwyl,
Gael damwain, a gorfod mynd i'r ysbyty.

Peth cywilyddus i unrhyw deulu
Fyddai i ddieithriaid mewn lle felly –
'Waeth beth fyddai eich anafiadau
A'ch arteithiau, neu a'ch bod chwi,
Hyd yn oed, yn landio yno yn ddarnau –
Sylwi nad oedd eich Trôns chwi
Ddim yn beth neilltuol o ffansïol.
Y delfryd oedd, 'waeth beth fo'r creisus,
Y byddai y rhai a weinyddai mewn damweiniau, y nyrsus,
Yn sylwi'n syth ar lendid y Tronsus.

Trwy ddyfal ddygnu arni
Gan gydwybodol lynu
Wrth Egwyddorion y Ddau Beth pwysig, pwysig hynny
Y mae rhai ohonom ni yn dal i fodoli yn y byd
Yn weddol anrhydeddus a pharchus o hyd.

YR WYF FI

'Yr wyf fi,' meddai'r bardd, 'yn caru'r fan
Y dodi di arni dy droed.'

Y dodi di arni dy droed!
Pa rybish ydi hyn?

Ynteu a oedd yna, unwaith, angerdd
A drôi y tir a droediai
Rhyw anwylyd yn fan
A haeddai ryw deimladau
A oedd yn sylfaenol wahanol
I ysfeydd priddlyd, chwantus, a chorfforol?

A fu yna, rywbryd,
Rywbeth a oedd yn ddyrchafol,
A allai, yn hudol, wneud pridd
Yn hollol wahanol i bridd,
Y stwff arferol, daearol?

I un sy wedi 'laru ar yr Hunan
Gwydyn yma sy'n ymestyn i bobman,
'Hwrê!' ddywedaf fi am hwnnw
A allai deimlo a dywedyd
Fod yna, rywbryd,
Bethau a oedd yn sanctaidd;
Yr un hwnnw a ddywedodd,
'Yr wyf fi yn caru'r fan
Y dodi di arni dy droed'.

CWM CYNFAL

(Comisiynwyd gan Gyngor Cefn
Gwlad Cymru)

Uwch Dyffryn Maentwrog y mae
Cwm, sydd yn hafnau,
Yn feini geirwon, yn greigiau,
Ac yn ddyfroedd sydd, mewn glawogydd,
Yn troi yn gynddaredd gwyn.

Ar lannau y dyfroedd hyn y mae
Gwyrddni yn hongian
Hyd goedydd cordeddog a hen.

Dan heulwen aur-felyn yma y mae
Llyfn loywderau pyllau,
A düwch dyfnderau a naddwyd
Gan rym egnïon cythryblus y cread.

Y DAITH YN ÔL

Yr oedd Isag, fe gofiai'n ofidus,
Wedi gofyn i Abraham, ei dad,
Ar y daith ryfeddol honno
I fynydd yr aberth
Ymhle yr oedd oen y poethoffrwm,
Canys gwelsai fod ganddyn nhw dân,
Ganddyn nhw goed, a chanddyn nhw gyllell.
'Duw a edrych iddo ei hun
Am oen y poethoffrwm,'
Oedd ateb ei dad.

Ond 'doedd yno ddim oen.

Adeiladodd ei dad, yn y lle, allor,
Arni fe ddododd y coed,
Ac arni hi hefyd y rhwymodd o yno ei fab.
Yno fe welodd Isag ei dad
Yn estyn ei law, yn codi y gyllell
I'w ladd o – cyn iddo fo fethu cyflawni
Ei fwriad, a oedd, fel y tybiai,
O ddwyfol ordeiniad,
Ac i'r ddau ohonyn nhw, wedyn,
Aberthu hwrdd wedi ei ddal mewn drysni.

Wrth ddod i lawr o'r mynydd hwnnw
Fe wyddai Isag fod ei dad ef ei hun
Wedi codi cyllell i'w ladd,
A gwyddai ei dad hynny hefyd:
Dyna reswm digon da fyth
I'r ddau, wrth ddod yn ôl,
Fod yn fud.

MEWN CAPELI

Y dyddiau yma,
Os am gynulleidfa mewn capeli,
Yna 'does dim amdani
Ond cynnal angladd.

I angladd, y mae'r rheini
Ohonom ni sy'n hesb ein ffydd
Yn siŵr o godi allan
I ddathlu – fel y dwedwn ni –
Fywyd rhyw ymadawedig.
Y mae angau'n ein tynnu ni allan
Fel pryfed lludw o doman.

Yn reddfol fe wyddom ni mai'r gwir ydi
Nad bywyd neb ymadawedig a ddethlir
Ond mai cydnabod a wnawn ni
Sicrwydd mwyaf ein bywydau,
Sef bodolaeth ddu, derfynol angau.

EISAG GODEBOG

Wrth inni gyrraedd ein cigydd –
Y mae ei siop o ynghanol meysydd –
Yr oedd yna ryw anniddigrwydd,
Rhyw anesmwythyd y gellid ei deimlo
Yn dod o'r cowt gerllaw.

Yno, yno yr oedd hi
Y gaseg lygadfawr, gyfeb
Yn niwedd un ei thymp
Yn carnu yn ôl a charnu ymlaen
Nes iddi aros, o'r diwedd, mewn cornel.
Ac yna daeth yr enedigaeth,
Ac ebol bach, yn amwisg ei ddyfodiad,
Yn cyrraedd yma atom ni i'r byd.
A chyn pen fawr o dro
Yr oedd o yno, yn simsan ac afrosgo,
Er hynny yn sefyll, a'i fam o
Yno yn ei luo.

A'r enw a roddwyd iddo
Oedd Eisag Godebog,
Dau enw a ddygai ynghyd –
A hynny mewn cyfuniad godidog –
Hen Destament yr Iddewon
A'n Hengerdd ninnau, y Cymry.

Ond ac yntau, erbyn hyn,
Yn gydnerth winau, gwyn ei dalcen,
Gwyn ei sanau
Y mae o yn gwybod o'r gorau
(Anghofiwch eich Hen Destament,
Anghofiwch am eich Hengerdd, hogiau)
Mai fo, siŵr iawn, ydi'r Eisag gwirioneddol enwog
A rydd anrhydedd i'r enw Godebog.

HANES TRUENUS IESTYN B. MORUS

Hanes galarus, ystori druenus
Ydi'r hyn a ddigwyddodd
I Iestyn B. Morus.

Fe ddechreuodd ei drueni
Ar ôl i'w fam a'i dad o brynu
Iddo, ac yntau'n ddim o beth,
Gyfrifiadur.

O flynyddoedd ei faboed cynnar fe fu
Am allan o hydion, heb fynd i unlle o'r tŷ,
Yn treulio oriau ar oriau yn syllu,
Yn ei lofft, ar fonitor
Rhwng goleuni y ffenest a'r gwely.

Byseddai o orchmynion
Trwy fyseddell a llygoden
I greu rhithiau,
Cysgodion o bethau
A ddôi, weithiau, o'i freuddwydion.

Ac fel hyn yn union y bu hi
Am flwyddyn ar ôl blwyddyn
Hyd nes y cododd o un dydd
Gan deimlo'n rhyfeddol o giami.
Yr oedd ei ben o, fel yr oedd o'n tybio –
A hynny yn gywir – yn ymffurfio

Yn hirsgwar: yr oedd o,
Fel y gellid dweud, yno yn ymfonitro.
Ac wedyn, dyna ei ddwylo:
Yr oedden nhw yn ymffurfio
Yn ddwy lygoden electronig.
Ac ar ei fol o yr oedd yna –
Mewn dull a oedd braidd yn gomig –
Allweddell yn cael ei llunio, a honno
Yn fotymau drosti i gyd.

Wrth iddo sbio yn y drych
Fe sylweddolodd Iestyn B. Morus, y creadur,
Ei fod o wedi cael ei drawsffurfio
Yno yn gyfrifiadur.

HEN BLANT BACH

I un sydd wedi'i galedu
Gan droeon ei yrfa
Yn yr hen fyd yma
Y mae yna, er hyn, un olygfa
A all, o hyd, dynnu
I'm llygad i ddeigryn.

A honno ydi gweld yr hen blant,
Rhai bychain bach yr uned feithrin
Yn mynd, gyda'u gwarchodwyr, am dro –
Y lleiaf ohonynt mewn coitjis,
A'r lleill, sydd fymryn yn hŷn,
Mewn amwsigoedd o liw melyn
Llachar iawn, ar dennyn.

Ac wrth eu gweld nhw
Yn gatrawd ddelia' o ddiniweidrwydd
Y mae rhywun yn teimlo'n
Sicir ddigon fod yna
O hyd ryw obaith i ddynion.

ABEL LLOYD

(Ail-leolwyd stryd 'Fron Haul' o Danygrisiau i
Lanberis i fod yno yn gofnod o hen dai chwarelwyr)

Yn 'Fron Haul', a ail-leolwyd
O Danygrisiau i Lanberis,
Ar ryw lun mae Abel Lloyd
Yn dal i fod o hyd yn fyw.

Er iddo farw, ar fideo
O leiaf y mae 'na yno,
Yn 'Fron Haul', ryw gysgod gwan ohono
Yn dal i sôn am sut yr oedd hi
Pan oedd o yno'n byw.

Ac y mae o'n dal, o hyd,
Ar fideo eto, i fod yno yn gyfrifol
Am agoriad swyddogol
Y lle a ail-leolwyd.

Efallai'n wir nad yw'r nos eto,
Nad ydyw'r tywyllwch eto
Heb lwyr goncro'r
Hen 'Fron Haul'.

EROS MEWN YSTABLAU

Wrth ddynesu at y stablau
Fe glywn i sŵn fel sŵn taranau,
Ond nid gorffwylledd y ffurfafen
A gynhyrchai'r ergydiadau,
Ond march. 'Y mae o,'
Meddai'r dyn-ceffylau
Gan gyfeirio at y meysydd
A'r cesig gloywon a oedd yno,
'Yn synhwyro'r rhain.'

Ac, yn y stablau, yno roedd o
Yn wyllt ei drem, ac yn glafoerio
Gan ysfeydd cyntefig, rhywiol
A barai iddo egr-gicio
Sinc y wal a'i cadwai o
Rhag mynd ati i berfformio.

'Mae hwn,' dywedais innau wrth y dyn,
'Yn gr'adur hynod bethma.'
'Dyna pam y mae hi,
Welwch chi, yn rhaid i ni
Gadw'r cythra'l ar wahân
Am sbel,' esboniodd yntau.

Holais innau'r gwrda wedyn
A oedd ganddo fo –
Y rhychor gor-erotig – enw,
Ac os oedd'na, beth oedd hwnnw.
'Oes,' atebodd yntau,
'Y mae ganddo enw,
Enw'r march a gedwir yma,
Dan gynyrfiadau gormesol ei chwant,
Ydi Dominique Strauss-Kahnt.'

TARO BARGEN

Meffistoffeles – gwas y diafol oedd o –
Un tro yn taro bargen
Efo'r Doctor Ffawstws
I roi i hwnnw bob un dymuniad o'i eiddo
Yn gyfnewid am ei enaid o.

Ac felly y bu hi:
Y Doctor yn 'mofyn hyn a'r llall,
Ac yn ei gael o.

Yna, yn y diwedd,
A'r cloc yn taro eiliadau olaf ei einioes
Fe fu o – yn ofer – yn ymbilio
Ar i feirch y nos arafu,
Ar i un dafn o waed Gwaredwr y byd
Ei achub. 'Edrychwch,' meddai,
'Edrychwch lle y mae gwaed Crist
Yn ffrydio ar hyd y ffurfafen.'
Ond yr oedd o
Wedi taro ei fargen, wedi gwneud ei gyfamod,
Ac yr oedd uffern yn agor ei phyrth
Yn barod i lusgo ei enaid o yno.
Fel hyn yr oedd hi yn yr Oesoedd Canol.

Y mae ein cyfnod ni'n wahanol:
Meffistoffeles, eto, yn taro bargen
Â Dyn y Dwy Fil (o Oed Crist):
Efô – yn gyfnewid am ei enaid –
I gael yr hyn a fynno.

A'r hyn a fynnodd o,
Yr hyn a wnaeth y dyn
Oedd ei allanoli ei hun mewn gajets.

A phan ddaeth ei ddiwedd
A'r cloc yn tician tua'i farwolaeth,
Wele, ato fo, Meffistoffeles a ddaeth.
Ond ei siomi a gafodd gwas y diafol,
Achos doedd yna, ynghanol y gajets i gyd,
Ddim enaid yno ar ôl.

Y TU HWNT I FEDDAU

Y mae hi, efallai,
Yn hawdd i rywun anghofio,
Wrth drafod dioddefaint y Mab,
Fod ei Dad o yno hefyd,
Ynghanol y Dioddefaint hwnnw,
Yno, ac yn rhan ohono.

Efallai mai trwy y dioddef hwn y daeth
Y Tad i ddirnad, o ddifrif, farwolaeth –
Efô a fu, o'r hyn a alwn ni
Yn 'ddechrau', yn trefnu pethau:
Efô a fu'n creu, yn hybu a diweddu
Egnïon a phwerau,
Gan drefnu, yn fanwl feicrosgopig,
Gymhlethdod y cyfanwaith cosmig.

Ond beth, iddo fo, oedd marwolaeth?

Yna fe welodd o ei Fab yno –
Yn dynodi dynoliaeth –
Ar groes, ac angau'n crawcian
Yn orfoleddus o ddu, fel hen frân,
Ar ei groesbren o.

Ond yno, hefyd, yn hongian
Yr oedd o ei hunan, am ryw hyd,
Yn rhan o'r gyflafan.
Yr oedd yntau yno, am mai
Dyna ydi rhan tadau
Wrth weld eu meibion, yn welwon,
Yn llonyddu yng nghrafangau angau.

'A dyma,' meddai Duw, 'be ydi angau.
A dyma be ydi dagrau!'

Bu o yno, gyda'i Fab nes iddo fo –
Y Mab, y Mab hwnnw –
Yn y diwedd droi, dros ddyn, yn Bechod.
Ac wrth i'w Gyfiawnder orfodi y Tad
I adael y Mab yno
Ar ei ben ei hun ar y pren tywyll,
Fe glywodd ei Fab yn llefaru,
'Fy Nuw, fy Nuw, paham y'm gadewaist?'
A'i glywed o wedyn yn dywedyd,
'Gorffennwyd.'

Yna, meddai Duw, 'Y mae
Yn rhaid i mi dorri,
Yn rhaid i mi ddinistrio rhwymau
Yr angau yma, ac atgoffa dynion
Am y tragwyddoldeb a ddodais i yn eu calonnau
Fel eu bod yn gallu amgyffred pethau
Sydd y tu hwnt i feddau.'

HON'NA

'A dyna ni,' meddai hi, 'hon'na.'

'Hi' oedd nyrs ddi-hid ac anystyriol
Mewn cartref symol, symol i hen bobol;
A 'Hon'na' oedd hen wraig, unig,
Bedwar ugain oed – ymadawedig.

O ystyried ei sefyllfa hi – 'rhen wraig –
Marw oedd orau iddi.
Yr oedd bod yn gorff, iddi hi,
Yn well na bod yn fwrn
I'w beunyddiol anwybyddu,
I gael ei gadael yn ei budreddi
Yn sychedig, yn newynog,
Ac yn dda i ddim i neb.

Yn y man bu iddi,
Yn fflamau glân y tân,
Gael ei llosgi,
Nes nad oedd ohoni hi
Ddim ond llwch – a llonyddwch.

Y DDINAS GADARN

(Blaenau Ffestiniog, cân i Gai Toms)

Yn agennau y goleuni,
Ymysg creigiau cryf a meini,
Rhwng mynyddoedd, yn y glesni
Sydd 'na'n rwbel hen domenni,
Mewn agorydd hen chwareli
Bu'n cyndadau yma wrthi'n
Creu, o gerrig, fara.

Y mae olwyn yr amserau
Yn difodi cenedlaethau
Ac yn creu, o hyd, eneidiau
I feddiannu yr hen Flaenau.
Ond, ynghanol newidiadau,
Yn dal yma y mae darnau
O'n hen Gymru'n rymusterau'n
Creu, o gerrig, fara.

CYTGAN
Yn agennau y goleuni
Yng nghadernid hen, hen feini,
Yma, yma rydym ni,
Yn fach, yn byw'n bywydau,
Yn creu, o gerrig, fara.

FEL'NA Y GWELWCH CHI HI

Un dydd, yr hyn a wnaeth un dyn
Ond gweld gŵr – un garw'i wedd –
Wrthi'n curo benyw ar y stryd.
A'r hyn a wnaeth y cyfryw ddyn
Oedd dechrau ei waldio fo
I'w gael o i beidio,
Ac i'w hamddiffyn hi.

Ond hyn sydd, efallai, yn syn:
Yr hyn a wnaeth hi wedyn –
Honno oedd yn cael ei churo –
Oedd troi arno fo,
Yr un oedd yno i'w hamddiffyn.

Ac mewn achos llys yn ddiweddarach
Fe wadodd hi ddu yn wyn,
Fe wadodd fod ei gŵr –
Y garw'i wedd –
Wedi cyffwrdd ynddi.
A chafodd ei hamddiffynnwr hi
Ei hun yn wynebu mis o garchar
Gohiriedig; tra bod ei gŵr
Â'i draed yn gwbwl rydd.

Ond yn union wythnos
Ar ôl yr achos yn y llys
Yr hyn a wnaeth ei gŵr hi
Oedd ei lladd hi.

Y BORE HWNNW O HAF

Bore tyner, bore araf o haf oedd hi
Ar fferm ryw hanner milltir o'r môr,
Y môr hwnnw yr oedd ei ddyfroedd maith
Yn llyfn ac yn dawel a gloyw.

Ac wrth lidiart y cae, rhwng y fferm a'r môr,
Yno yr oedd tri phlentyn bychan,
Yn ferch rhyw chwech oed
A'i brawd a'i chwaer bach.
Ac yr oedden nhw, yno,
Mor dyner â'r dydd,
Mor loyw â'r môr;
Ac yn ennyn, yn tywynnu o'u cwmpas
Yr oedd grym eu diniweidrwydd
A phrydferthwch, tynerwch eu cariad.

Ac ar y bore araf hwnnw o haf,
O'u gweld nhw yno, yn dri bychan bach,
Fe ddaeth yn nerthol, nerthol drosom ni
Ryw deimlad o ddedwyddyd,
Fel pe baem ni mewn rhyw ystad
Ddi-Gwymp oedd yn bod, yn bell bell yn ôl,
Yn nechreuad glân y byd.

Y DAITH

Y mae 'na, yn hanes y ddynoliaeth,
Deithiau sydd o arwyddocâd sylfaenol
Megis, er enghraifft, daith yr hen Golumbus –
Fe gofiwch chi iddo fo, wrth ofyn am gefnogaeth
Isabella, brenhines Sbaen, ddywedyd
Nad oedd neb yn y byd,
Cyn hynny, wedi dod o hyd
I'r Unol Daleithiau.

A dyna ni, wedyn, y dynion hynny –
Neil Armstrong, Edwin 'Buzz' Aldrin,
A Michael Collins a aeth yn y 'Columbia'
O'r cyfryw Unol Daleithiau
I ddau ohonynt droedio y lloer.

Ond, atolwg, a fu yn hanes y ddynoliaeth
Daith a oedd yn gymaint o anturiaeth
Â'r un y bu un o fy wyrion a minnau arni
Yn un o'r galaethau y tu hwnt
I'n Llwybyr Llaethog ni,
A hynny ar long-ofod o soffa symudol.

Ar y daith eithriadol o hirfaith hon
Yr oedd hi, wrth reswm, yn rhaid
I rywun gael lluniaeth.
Yr arfer, ar deithiau o'r fath,
Oedd iddo fo fynd i gegin-glustog
Y 'llong-ofod' i goginio –
Iddo fo ei hun, basta neu sbageti,

A phaned ac wy i'w daid.
Ond ar daith mor faith â hon rhaid
Cael rhywbeth mwy sylweddol, a dyna
Pryd y daru ni stopio yng ngwacter,
Diderfyn, ac onid tragwyddol y gofod
Iddo fo bicio draw i Macdonalds yr Eangderau
I nôl bîffbyrgyr iddo fo, a nogiadau
O gyw iâr i minnau,
Ynghyd â Deiet Coke i ddau.

Ar ôl y stop hanfodol hon
Bu'n rhaid inni wedyn gyflymu
Trwy anferthwch y gofod a'i fwrllwch llwyd
I 'wneud i fyny' am yr amser a gollwyd.

INTER GALACTIG

Yn chwe blwydd oed
Dydi'r daith ddim yn ddi-oedi
O'ch tŷ chwi at stop
Y bỳs ysgol.

Fel mater o ffaith y mae hi
Yn daith o amryfal beryglon,
A'r rhan fwyaf o'r rheini
Yn rhai sy'n sicir yn inter galactig.
Y mae'r bygylu *extra-terrestrial*
Hwn yn golygu rhedeg a sefyll,
Ac yna sgwrsio mewn iaith arallfydol
Cyn wedyn, ddychwelyd am ennyd
I gerdded yn nimensiwn pobol
Arferol, fel fi, at safle y bỳs ysgol.

EI MAWRHYDI

Yn ddiweddar y mae yna
Globan o gochan o gath –
Y rhoddwyd iddi hi
Yr enw Jinjyr Rojyrs –
Yn dod i rodianna'n
Fonheddig ac arglwyddesaidd hyd fy ngardd,
Ac o'i hôl hi i fyny fry
Y mae, yn ddyrchafedig ac yn hy,
Gynffon drahaus o dew a blewog.

Ac wrth edrych arni hi
Yr ydw i'n teimlo braidd fel pe bawn i
Wedi fy israddoli
Ac yn cael fy anrhydeddu ganddi.

Ond heddiw y mae meilêdi
Wedi codi, mewn mieri,
Un brigyn pigog wedi'i dorri,
Ac y mae hwn yn glynu ynddi –
Yn ei chynffon dew a dyrchafedig hi.
Ac y mae'n amhosib,
Hyd yn oed iddi hi,
Ymagweddu'n uchelwrol
Efo hwn yn cydio'n dynn ryfeddol
Yn ei pharthau ôl.

HYTRACH YN ANNISGWYL

'GŴR IFANC – COLLWYD,
TRYCHINEB ENBYD'

Fel yna y datganai penawdau
Y papurau newydd hanfodion
Y newyddion am golli bywyd.

Felly, ar ran Newyddion y Teledydd,
Anfonwyd, ar unwaith, Ohebydd
I holi yn ei stryd
Sut un oedd yr ymadawedig.

Y Gohebydd hwnnw, disgwyliai
Y geiriau canmoliaethus arferol
Ynghylch gŵr ifanc dymunol,
Un yr oedd ei ofal
Am ei fam yn ddiarhebol,
Un diwyd a thra addawol yn yr ysgol,
Un yr oedd ei gyfraniad cymdeithasol
Yn bendant anghymharol.

Yn lle hynny, wrth iddo ymholi,
Fe gafodd atebion tra gwahanol
I'r traethu a'r canmol
Disgwyliedig.

'Yr oedd o yn fastad annymunol,
Yn boendod gwrthgymdeithasol,
Fel dau blanc yn yr ysgol,
Ac yn artaith drom deuluol.'

'Y llymbar yna oedd yn gyfrifol
Am wneud bywydau pobol
Hyd y lle yma'n wirioneddol uffernol.
A synnwn i ddim nad ydi'r diafol
Y funud yma'n cael trafferth hanesyddol
Efo'r drewgi yna yn y bywyd tragwyddol.'

WRTH DDISGWYL AM EI GINIO

Yn ei gadair uchel wrth y bwrdd,
Yn ddwy, yr oedd o
Yn disgwyl am ei ginio.
Ac wrth iddo fo ddisgwyl yno
Fe wnaeth o ddigwydd troi i'r chwith
A gweld ar y wal oedd yno
Lawer o luniau aelodau o'n teulu ni.
Os gwn i pam, o blith
Y niferoedd oedd yna yno
Mai un yn unig a enwodd o:
'Mam'.

IEITHOEDD

Cyfuniadau o lafariaid a chytseiniaid
A rhai seiniau eraill, y rhain i gyd
Wedi eu plethu ynghyd
I gyfleu ystyron, cyfleu teimladau
Ydi holl ieithoedd, holl ieithoedd y byd.

Ond pan ddiffygia, mewn pobol,
Egnïon hanfodol eu bywyd a'u bod
Yna bydd llafariaid eu hiaith,
Ei seiniau, cytseiniaid
Yn llacio, yn gollwng eu gafael
Ar unrhyw ystyron, ac yn mynd i wrthod
Cyfleu unrhyw deimladau,
Yn methu dywedyd dim byd.
Ac yn y diwedd y maen' nhw –
Y seiniau arwyddocaol – yn darfod,
Yn mynd yn ddistaw, yn mynd yn fud.

EIN CREFYDD NI

I fod yn grefydd i Ni
Y mae'n rhaid iddi hi
Fod yn un solat, yn un safadwy,
A'r profion ohoni hi'n gyson gredadwy.

Nid yn annirnadwy,
Lle y mae yna ryw ysbryd honedig
Sydd i fod yn drugargog, garedig
Yn disgwyl i Ni wneud y gwaith.

Dydi'r fath grefydd, i Ni,
Yn da i ddim byd, am nad ydi hi
Ddim yn ddisgwyliadwy, a dibynadwy,
Yn ein gwobrwyo Ni mewn dull dealladwy.

Y grefydd dderbyniol gennym Ni
Ydi un lle'r ydych chi
Yn fodlon gwneud rhywbeth buddiol
Ac yna'n cael gwobr am hynny.

Peth fel yna ydi crefydd i Ni,
Sef buddsoddiad rhesymol
Yn ein presennol.

DDIM YN DDEALLADWY

Os ydym ni'n dweud –
Fel, o bryd i'w gilydd, y byddwn ni –
Na allwn ni ddeall
Sut y mae Duw da, Duw hollalluog
Yn gadael i ddioddefaint,
Yn gadael i boen,
Yn gadael i ddrygioni fodoli,
Yna, a ydym ni,
Mewn gwirionedd, yn honni
Mai dioddefaint a phoen a drygioni
Ydi'r grymusterau mwyaf pwerus
Sydd yna yn bod yn ein byd
A bod yn ein bydysawd ni?

Diau mai fel yna,
Yn ddealladwy hollol, y byddai hi
Petai yna ddim grymusterau eraill
Fel cariad, trugaredd, a daioni,
Hefyd yn bodoli
Yn ein byd a'n bydysawd ni.

YN AWR

(Ar ôl darllen erthygl gan Gareth Miles am sefydliadau
'cenedlaethol' yn y Gymru sydd ohoni yn *Barn*, Mai, 2012)

Y mae'r nos yn cau
Arnom ninnau yn awr.
Fel y bu hi ar lwythau lu
Mewn canrifoedd a fu,
Y mae hi felly arnom ninnau
Yn awr.

Fel tylwythau diflanedig daear
Yr ydym ninnau, yn awr,
Yn tynnu at ben y dalar;
Yr ydym ninnau yn peidio â bod,
Ac yn dechrau ymagweddu fel pobol
Sydd yn barnu eu bodolaeth eu hunain
Wrth yr hyn y maen' nhw
Yn ei feddwl ohonom yn Llundain.

Yn awr, y cwbwl sydd yna ar ôl,
I ni sydd wedi dangos ein bod ni yn bobol
Benderfynol o hunan-ddifaol,
Ydi ein bodolaeth ni yn y gorffennol.

BLE HENO, CECIL?

A dywedodd hi:
'Ble, heno, rwyt ti, Cecil,
Fy nghariad cyntaf, pedair oed,
A ninnau'n fychan yn yr Ysgol Sul?
Mi gofia i mai stwcyn
Solat oeddet ti, coch dy wallt,
Danheddog, efo llygaid croes,
Dy drowsus bach di dros dy bennau-gliniau.
Ond ti oedd fy nghariad cyntaf i.'

Fel mater o ffaith, heno y mae Cecil
Yn dangos ei greadigaethau diweddaraf
Ar rodfa-gathod swél ym Mharis
Canys – ac y mae hyn yn hollol wir –
Y mae o'n arloeswr gyda'r mireiniaf
Ym myd llofruddiaethol o ddethol *haute couture*.

AFRADLON.

Ei thad hi, ei mam hi: rhieni
'Agos at eu lle', fel y dywedid –
Pobol capel, rhai a gymerai
Eu cyfrifoldebau cymdeithasol o ddifri,
Rhieni Cymraeg, brwdfrydig,
Cenedlaetholgar, eisteddfodol, a diwylliedig.

Ond, a hithau yn laslances,
Fe ddechreuodd ar wrthryfel
A'i dug hi, yn benderfynol
Ac o ddewis, yn y diwedd,
I fyw'n feunyddiol feddw mewn hofel.

A ddaru ei rhieni hi,
Trwy oes o boeni amdani,
Ddim caniatáu iddynt eu hunain sylweddoli
Ei bod hi,
Ers pan oedd hi'n ddim o beth,
Yn angerddol wedi eu casáu nhw,
Casáu eu Duw,
A chasáu eu holl ffordd nhw o fyw.

CWBWL AN-NATURIOL

Bwyta, neu gael ein bwyta:
Dyna fel y mae hi yn yr hen fyd yma.

Y mae 'na safnau rheibus o hyd yn agos atom,
A chrafangau llym, anafus yn y nos.
Y mae 'na balfau a all rwygo rhywun,
A all falu esgyrn
A pheri tywallt gwaed.
Y mae yna reddfau cyntefig
Yn hongian yn wenwynig
O'n cwmpas ni.
Dyna, am 'wn i, ydi ffordd natur.

Felly, fe ddywedwn i,
Fod bod yn wir Gristnogol
Yn gyfan-gwbwl an-naturiol.

I BOB UN

I bob un sydd yn bod
Y mae yna amser yn dod
Pan y mae bywyd,
Yn derfynol, yn dywedyd,
'Dwyt ti, rŵan, yn dda i ddim byd;
Dwyt ti, rŵan, yn dda i ddim i neb.'

Yr ystad siabi yma –
Fe fu i Bregethwr o'r hen oesoedd
Ei dynodi hi, yn brydferth,
Â rhai delweddau, megis:
Y pryd y bydd yr haul yn tywyllu,
Y pryd y bydd y goleuni'n pallu;
Yr adeg y bydd pyrth yn cau;
Yr adeg pan ddaw ar y clyw
Sŵn isel rhyw falu;
Yr adeg pan dorrir y cawg aur,
Yr amser pan dorrir y llinyn arian.

Heb un ddelwedd,
Dynodwn ni y cyflwr
Fel yr amser inni roi heibio bethau bydol,
Yr amser i'n bodolaeth gorfforol ni
Droi yn llwch, ac i'n sŵn ni ddistewi
A throi yn dawelwch.

1 EBRILL, 1401

Ychydig o ddigwyddiadau
Yn ein hanes gwleidyddol ni, Gymry,
Sy'n debyg o beri i rywun wenu;
Ond y mae yna un
Tra dymunol, a chyda'r doniolaf.

Mil Pedwar Cant ac Un
Oedd y flwyddyn,
Ac Ebrill y Cyntaf oedd hi,
A dydd Gwener oedd yn Wener y Grog.

Yng nghastell rhyfeddol o nerthol Conwy,
Y cadernid carreg hwnnw
Y bu i Edward y Gormeswr ei godi
Yn un o gadwyn gadarn mewn cylch
I ddofi y gwylliaid gwrthryfelgar hynny
Oedd am hawlio eu lle hwy eu hunain,
Yno yr oedd yna garsiwn – gan gynnwys rhai Cymry
Seisnig-gyflogedig, ond crefyddol –
A dyma'r criw yma'n cael eu martjio
Allan trwy borth y cadarnle rhyfeddol
I fynd i addoli yn eglwys y Santes Fair.

Tra roedden nhw yno, yn dwys-weddïo
Yn null milwyr-cyflogedig,
Dyma 'na saer yn perswadio
Y rhai oedd yn dal y tu ôl i'r waliau
I agoryd y porth iddo fo.
Ond unwaith yr oedd o yno
Yr hyn a wnaeth o – os leciwch chi –
Oedd gadael i mewn i'r gaer
Gwilym ap Tudur a Rhys ap Tudur,
O Benmynydd, a deugain o wŷr,
Y cwbwl lot yn ganlynwyr
I Owain Glyn Dŵr.

Ac yno y buon nhw am dri mis,
Yn Gymry – *if you please* –
Yn hawlio'r gormesle hwn
Yn hapus o orfoleddus.

YSTYRIAETHAU

I ble'r aeth y blynyddoedd,
I ble ein bywydau?
Dyma ydi'r math o gwestiynau a glywir
Gan bobol ar ôl
Oes weddol hir.

A dydi hyn ddim yn syndod,
O sylweddoli ein bod ni, i gyd,
Ar glwyd denau y presennol
Ynghanol y di-amser tragwyddol.

Y mae myfyrdod ar amser yn debygol
O fod yn ein byd
Yn un o dragwyddol
Ystyriaethau bywyd.

YN FAN'NA

'Mâm.' 'Ie. Be sy?'
'Be sy yna yn fan'na?'
'Yn fan'na y mae yna fynwent.'
'Be ydi "mynwent", Mam?'
'Lle ydi "mynwent" i gadw
Pobol sydd wedi marw.'
'Ar ôl marw fydda inna yn fan'na?'

Yma fe drodd y drafodaeth yn fwy difrifol,
A thueddu braidd at y diwinyddol.

'Wel, gad inni ddweud fel hyn –
Darna o bobol wedi marw
Sy yna yn fan'na,
Achos, wêl di, y mae yna ranna
O'r hyn oedden nhw
Yn mynd i fyny i'r nefoedd.'

'A fydd yna ran ohonof inna
I fyny yn y nefoedd yn y nos
Yn seren pan fydda i wedi marw?'

'Efallai wir mai felly
Y bydd hi.'

A dyna ni, ysywaeth;
Dyna oedd diwedd y drafodaeth.

'Y MAE O?'

I'r rhan fwyaf ohonom ni
Gosodiad cadarnhaol ydi
'Y mae o';
Ond nid dyna ydi-o iddo fo,
Iddo fo y mae'r gosodiad hwn
Yn gwestiwn:
'Y mae o?'

Dyna ydi gramadeg
Y dyn bach ar yr adeg
Pan y mae o yn dd'yflwydd a hanner.
A does ynddo ddim osgo i ymorol,
Gyda'i gwestiwn, am wrywaidd neu luosog,
Na benywaidd neu unigol.

Dangosaf iddo un llew tew
Dan Bont Britannia, yna
Dywedaf wrtho, 'Sbia,
Mae 'na un arall
O dy flaen di yn fan'na.'
'Y mae o?' meddai o.

Dangosaf iddo flodau
Ar goed hardd sydd ar ein llwybrau:
'Sbia, bloda,' meddwn i;
'Y mae o?' meddai yntau.

Y mae o, yno,
Â'i draed yn y dŵr yn ymdrochi,
A dywedaf fi,
'Sbia, dyma ti, dyma'r môr.'
Ac meddai o, 'Y mae o?'

A! Dyna ni,
Fel yna y mae hi;
'Waeth imi heb â stryffaglio
I geisio esbonio
I un mor ddifalio o bendant
Nad cwestiwn ydi, 'Y mae o';
Os mai cwestiwn ydi-o iddo fo,
Yna dyna ydi-o.

SOFFAS

'Taid, y mae yna,' meddai,
'Soffas cyfforddus wyddost ti.'

'Ac ymhle, felly, y mae'r rheini?'

'Yn siop Di Eff Es.'

'A sut wyt ti yn gwybod hynny?'

'Gweld hynny wnes i, ar y teli.'

'O, felly!'

'Ac os gwnei di brynu soffa rŵan
Fe gei di hi yn dy dŷ cyn y Dolig.'

'Caredig,' meddwn innau, 'caredig.'
Ond doedd yna iddo fo –
Bendith arno –
Ddim modd i mi ymyrryd,
Yn eironig,
Ar hynawsedd y cynnig.

HEN, HEN BETHAU

Yn ddiau, y mae yna bethau
Yn ein bywydau ni i gyd
Sydd y tu hwnt i reolaeth yr ewyllys,
Pethau, o'n genedigaeth, a fu
Gyda ni o'n dechrau.

A thu hwnt i hynny y mae
Y pethau hynny a ddaeth i'n bywydau
O hanes hen ein hiliogaeth,
O'r ffurfiau hynny oedd yna yn nechreuad y byd,
Y bodolaethau dall a byddar hynny
Oedd yn esblygu yn llaid cyntefig bywyd.
Ac wrth inni gyflawni rhai gweithredoedd
Efallai y bydd yn hynny atgof
O rywbeth a fu, unwaith,
Yn gwingo yn ffrwtian amrwd llymru bodolaeth.

Mewn sefyllfa fel hyn,
Gan edrych ar hanes y ddynoliaeth,
Y mae rhywun yn gofyn
O ble, a pha bryd y daeth,
I brosesau bodolaeth,
O fydysawd sy'n ymddangos
Yn oer, difater, a diderfyn
Ryw ymyrraeth o gariad?
Neu, fel y dywed rhai ohonom ni,
Ryw gythryblu o du y Duwdod
A all ein rhyddhau ni o gyfyngiadau ein bod.

SURSUM CORDA?

('Codwn ein calonnau')

'Ma'r Bingo 'ma'n de
Yn lle i fîtio dipyn o ffrends, OK!'

'So dyma fi'n reitio ato fo
I syjestio be ddyla ddigwydd.'

'O'dd hi'n disaster. Ond dda'th 'na ddyn yma –
Feri consýrnd, a sympathetig iawn.
Nath o fod yn rîli helpffwl.'

A! Dyma inni rai o'r hoelion hynny
Yr ydym ni, Gymry,
Yn eu colbio i arch yr 'hen iaith'
Er mwyn iddi hi, gyda hyn, gael ei chladdu
Yn derfynol, derfynol, a dwfn.

Ond, atolwg, fe ddarllenaf
Y ffeithiau diweddaraf
Am gyflwr ein planed:
Haen yr ôson yn teneuo,
Yr haul yn ffyrnigo, ffyrnigo,
Y mynyddoedd iâ yn dadmer;
A difodiant anhraethadwy
Yn cyniwair trwy bob bywyd.

A meddyliaf:
Tybed, tybed na fydd hi –
Y Gymraeg – yma o hyd
Tan ddiwedd y byd?

AFAL COCH

'Afal,' meddai wrtho'i hun,
'Afal coch i Mam,'
Gan osod ar lintal ffenest ei lofft
Afal coch, achos fe wyddai
Mai rhoddi anrhegion
Ydi arfer dynion tua'r Nadolig.

Yr oedd o yn chwech oed
A dyma'r Nadolig cyntaf
Iddo fo fod hebddi hi:
Bu farw ei Fam yn gynnar ym Medi.
Yr oedd hi, fel y cofiai'n enbydus,
Yn hoff iawn o afalau cochion melys.

Ddaeth yna neb i nôl yr afal.
Ond y noson honno fe freuddwydiodd o
Fod ei Fam wedi bod yno,
A'i bod hi wedi dweud wrtho fo,
'Diolch iti. A phaid ti â phoeni.'

Ac fe gofiodd ei freuddwyd
Am y gweddill o'i fywyd.

11 MAI, 2013

Rhai o straglars y ffydd,
Hytrach yn hynafol,
A drodd ar y dydd
Oddi ar strydoedd Bangor
I mewn i'r Eglwys Gadeiriol gyda'r pwrpas
O ddathlu gwaith a bywyd R. S. Thomas.

A chlywsant, rhwng hen feini yno,
Am ymbalfalu ysbrydol
I geisio amgyffred y Dwyfol
Sydd, fe ddywedwyd, yn ei dawelwch,
Yn anweledig a mud ac absennol.

Ond wrth wrando geiriau'r bardd
I rai ymrithiodd yno
Ryw fodolaeth a deimlai fel petai
Hi'n ymdrechu i'n cyrraedd ni
O'r tawelwch tragwyddol,
Gan ei dehongli ei hun
Fel cariad anorchfygol,
Fel presenoldeb yr absennol.

Ac i rai roedd hi'n demtasiwn i deimlo
Nad cynnyrch mymbo-jymbo
Oedd y rhywbeth a smiciodd ennyd yno
Mor ddirgelaidd-annisgwyl â glöyn Duw
Cyn pasio, wedyn, heibio.

GARETH MAELOR

Fe fagwyd amryw byd o 'gardiau'
Yn ardal Tanygrisiau a'r Blaenau,
Ac yntau, Gareth Maelor,
Fu'n serennu yn eu plith.

'Mwddrwg' ymadroddus ydoedd
A direidus iawn yn llanc;
A sut y landiodd hwn mewn banc
Sydd ddirgelwch, chwedl Morgan Llwyd,
I rai ohonom ei ddeall –
Ac i eraill grafu eu pennau'n ei gylch.

Ond yna, dyma'r Ysbryd hwnnw
Sy'n ymsymud trwy ddyfnderau bodolaeth
Yn cyffwrdd ynddo fo, Gareth Maelor,
Ac yn gyrru drwyddo ryw ddaioni
Ond heb, diolch i Dduw, ei sobreiddio
Na marweiddio ei ddireidi.

Ond yn y cyffwrdd hwnnw
Seriwyd drwyddo fo, Gareth Maelor,
Ryw Gariad sy'n dragwyddol,
Yn wrol, ac yn anorchfygol.

Am fod yna bobol fel efô
Fe allwn ni, 'r daearol fryd,
Gael cip ar groeshoeliedig,
Gyfodedig Grist
Yn bodoli yn ein byd.

DIOLCH, OWI

(Y Parchedig Owen E. Evans, un o'r rhai a fu'n
gweithio ar y cyfieithiad newydd o'r Beibl Cymraeg)

Owi, Owi, da thi,
A thithau erbyn hyn yn neinti,
Paid ag anghofio
Yr hyn a wnest ti i ni
Mewn oes o lafurio arwrol.

Owi, Owi, da thi,
Ystyria'r hyn yr ydym ni
Wedi elwa arno
Am dy fod ti, i ni,
Wedi bod yn Foses bendithiol.

Owi, Owi, da thi,
Er ein bod ni, er ein bod ni
Yn dal o hyd mewn anialwch
Dangosaist ti i ni
Fod yna le
Y tu draw i'n diffeithwch.

Owi, Owi,
Yr ydym ni –
Er ein bod ni
O hyd mewn tywyllwch –
Trwy y Gair yn gwybod
Am fodolaeth y Goleuni.

YR ADEILAD AR Y GYFFORDD

(Cerdd a gomisiynwyd ar gyfer agoriad swyddogol
Adeilad Llywodraeth Cymru yng Nghyffordd Llandudno)

Y mae mwy na muriau yma
Yn y gafael hwn o dir;
Y mae, yng ngwead yr adeilad,
Hen ddyheadau ein hanes hir.

Yma, rhwng y morfa a'r mynyddoedd
Y bu Cymry ar hyd hen oesoedd –
Yn dywysogion, yn daeogion –
Yn naddu o'r creigiau eu gobeithion,
Gan glywed grym fel grym yr eigion
Yn tynnu at ei gilydd, yn feini ac ysgyrion,
Adeiladwaith a ddaeth, yr awr hon,
I ni yn arwyddlun o Genedl.

YN Y DYDDIAU HYNNY

Ac yn y dyddiau hynny
Yr oedd yna ryw Lefiad,
Un a oedd yn aros yn ystlysau
Mynydd Effraim;
A'r Lefiad hwn a gymerodd wraig
Iddi hi fod iddo yn ordderch:
Ac un o Fethlem Jwda ydoedd hi.

Ond y wraig hon, a oedd
I'r Lefiad hwn yn ordderch,
Hi a buteiniodd yn ei erbyn ef.
Ac yna, wedi iddi hi buteinio,
Fe aeth hi oddi yno,
Yn ôl i dŷ ei thad.
A bu hi yno bedwar mis.

Yna y Lefiad a gyfododd
Ac a ymdeithiodd yno ar ei hôl hi;
Ac o'i chael hi
Dywedodd ef yn deg wrthi.
Hithau a'i dug ef i dŷ ei thad.
Y tad hwnnw a hoffodd y Lefiad
Ac a'i croesawodd ef i'w dŷ;
Ac a'i perswadiodd, o ddydd i ddydd –
A hynny am bum niwrnod –
I aros yno gydag ef.
Ond, yn y diwedd, y Lefiad
A fynnodd ymadael i fynd adref,
Gan fynd â'i ordderch ef,
A merch ei thad, oddi yno.

A daeth y ddau i le a elwid yn Gilbea,
Ac aros yno ar y stryd,
I ddisgwyl a oedd unrhyw rai
A gymerai drugaredd arnynt
Ac a'u dygai hwynt i lety.
A buont yno, ar hyd y dydd
Yn disgwyl, yn disgwyl yn ofer.
Ac wele, a hi yn hwyrhau,
Fe ddaeth o'i waith yn y caeau
Hen ŵr, a hwn a'u gwahoddodd hwy
I'w dŷ, a rhoddi iddynt groeso.

Ond tra yr oeddynt yno
Rhai o wŷr y ddinas honno,
Meibion Belial, o epil y Fall,
A ddaethant at y tŷ gan fynnu
Fod yr hen ŵr yn ildio iddynt
Y Lefiad a oedd yn ei dŷ –
Hynny er mwyn iddynt hwy ei dreisio.
Gomeddodd yntau ei roddi,
Gan gynnig iddynt ei ferch ei hun –
A hithau'n forwyn –
Hi, a gwraig ordderch ei ymwelydd.
Ond hwy ni fynnai hynny.

Yna y Lefiad a gyfododd
Ac a ymaflodd yn ei ordderch,
Ac a'i bwriodd hi allan,
Er mwyn iddynt hwy wneud â hi
Yn union fel y mynnent.
A hwy, drwy y nos hir honno,
A fu yno yn ei threisio hi.

Yna, yn y bore, y Lefiad a gyfododd.
Ac, wele, wrth ddrws y llety
Yr oedd hi, ei ordderch, yno'n gorwedd
A'i dwy law yn estyn at drothwy y tŷ.
'Cyfod,' meddai yntau wrthi,
'Fel yr elom ni ymaith.'
Ond hi, ni allai hi godi, ac ni allai hi ateb.
Yna efe a ymaflodd ynddi,
Efe a'i cyfododd hi
Ac a'i bwriodd hi ar draws ei asyn
Ac a'i cludodd hi adref.
Ac ar y daith hon bu iddi hi farw.

A phan ddaeth efô,
Y Lefiad, adref i'w dŷ,
Efe a gymerodd yn ei ddwylo gyllell,
Ac a gydiodd yn ei ordderch,
Ac a'i darniodd hi:
Naddodd hi yn ddeuddeg darn.
Ac yna fe anfonodd
Y deuddeg hynny o ddarnau
I holl dylwythau Israel.

* * *

Ystyriwch, ystyriwch hanes anhraethol drist
Yr ordderch hon, a meddyliwch sut yn y byd
Y gellwch chwi beidio â bod
Yn rhyw lun o ffeminist.

IWAN LLWYD

(Byr eiriau amdano i'w dywedyd
gan Llion, er cof am ei frawd)

Goleuni gwirioneddau
A belydrai,
Trwy ei eiriau,
Arnom ni.

CYNNAU CANHWYLLAU

Yn y dyfnderoedd du,
Yn nhywyll fannau ein bodolaeth,
Yr ydym ni, lawer ohonom ni,
Yn reddfol yn teimlo
Ryw angen, ar adegau,
I gynnau canhwyllau.

YSTYRIAETHAU MATEROL

'Waeth be wnewch chi:
Ildio neu beidio,
Rhoi'r gorau iddi
Neu ddal ati,
Yn y diwedd bydd bywyd
Yn sicir o'ch waldio chi
I lawr, i lawr
I'r diddymdra eitha'.

YR HOLL BOBOL YMA

Yr holl bobol yma ar y stryd –
Mae'n siŵr gen i eu bod i gyd
Yn meddwl mai nhw,
Bob un yn unigol,
Ydi'r un pwysicaf yn y byd;
Yn lle eu bod nhw
Yn cydnabod, yn rhesymol
Ac yn ddiamheuol,
Mai Fi ydi hwnnw.

WN I DDIM

Wn i ddim a ydych chwi
Erioed wedi ystyried
Y rheini – y trueiniaid hynny –
Sy'n cael eu sgubo ymaith
Gan ryw bethau mewn bywyd
I gwterydd isaf bodolaeth,
Yno i fyw ac i fod nes y byddan nhw
Yn gorfod ildio i farwolaeth.

Y GWCW

Hwn ydyw'r unig aderyn
Sydd yn dywedyd
Ei enw ei hun.

EDRYCHA

'Edrycha,' meddwn i wrtho,
'Ar hyfrydwch yr haf hwn –
Y dŵr gloyw, yr heulwen
A lliwiau llawen y byd.'

Ond doedd o, yn ei dywyllwch,
Yn gweld dim byd ond hagrwch,
Yn gweld dim byd ond llwch.

Os bydd y goleuni sydd ynom yn dywyllwch,
Pa faint fydd y tywyllwch hwnnw?

YR OCHOR YMA

Wrth gwrs y mae yna
Lawenydd yn dal i fodoli
Wrth i rywun dreiglo
I diriogaeth y darfod,
Y glyn tywyll hwnnw
Lle y mae cysgod marwolaeth.
Ond nid unrhyw ddrychiolaeth
O'r tu draw i angau
Sydd yn dychryn rhywun,
Ond y pethau tywyll hynny sydd yna
Yr ochor yma.

HYD YN OED I'R RHEINI

Hyd yn oed i'r rheini ohonom ni
Sydd, wrth natur,
Yn weddol dawel, gweddol fodlon
Y mae yna, fel nadroedd gwenwynig a duon
Ym mannau tywyllaf yr isymwybod, bryderon
Sy'n llithro yno'n dawel, yn beryglus
Yn barod, ar yr awr ni wyddom,
I godi allan ac ymosod arnom,
Yn barod i ddyrchafu fry
Ac i chwistrellu i'n bodolaeth
Wenwyn y mae ei arteithiau
Fel arteithiau marwolaeth.

Y FFAITH AMDANI

'Peidiwch â phryderu,' meddwn ni,
Fel petai hynny'n bosib.
'Fuasai waeth inni ddweud,
'Peidiwch ag anadlu',
Am mai bodau fel yna ydym ni.

Y ffaith amdani ydyw
Y byddwn ni'n lwcus iawn
Os awn ni oddi yma –
O'r bywyd hwn – yn fyw.

DYDI PAWB DDIM EISIO BYW

'Waeth beth fo ei lliw
Barn pob llywodraeth ydyw
Nad ydi pawb ddim eisio byw,
Ond bod 'na rai y mae hi
Yn rhan hanfodol o'i dyletswydd
I'w cadw nhw yn ddedwydd,
Yn gyfforddus, ac yn hapus:
Megis bancwyr barus,
Penaethiaid cwmnïau gwancus, gwancus,
Gwleidyddion ymddeoledig aflywodraethus
A dihysbydd o chwannog,
A chwaraewyr gêmau a diddanwyr
Cywilyddus o oludog.

GWYDDONIAETH

Gwyddoniaeth ydi:
Hudoliaeth
Sydd yn gweithio.

NID ANFAWROL

Y gwryw ifanc, ysgyfala hwn –
Meddyliai ei fod yn anfarwol:
Yn hyn o beth darganfu o
Iddo wneud camgymeriad
Terfynol.

OS YDYM

Os ydym ni am weld y duwiau
Yn cael hwyl am ein pennau,
Gwnawn gynlluniau.

DYDI DAGRAU

Dydi dagrau y ddynoliaeth
Yn mennu dim
Ar ddifaterwch oer y bydysawd;
Ond, efallai, ar ein rhawd,
Y gallan' nhw gyffwrdd
Rhyw chwaer neu ryw frawd
A chanddyn nhw, yn eu cyfansoddiad,
Fymryn bach o gariad.

Y DAITH OLA'

Yn fawr ac yn dew,
Yn hen ac yn hyll
Rydw inna' yn fan'ma
Yn dechra'r daith ola'
O'r gola' i'r gwyll.

GRAMADEG BODOLAETH

Gofyniad: '... A ydwyf?'
Gosodiad: 'Yr ydwyf,' Atalnod
Gofyniad: 'A ydwyf? ...'